프라이팬에 뜬 보름달

프라이팬에 뜬 보름달

초판 1쇄 발행 2021년 03월 02일

지은이 김진우
펴낸이 장현수
펴낸곳 메이킹북스
출판등록 제 2019-000010호

디자인 안영인
편집 안영인
교정 김시온
마케팅 오현경

주소 서울특별시 금천구 가산디지털1로 142, 312호
전화 02-2135-5086
팩스 02-2135-5087
이메일 making_books@naver.com
홈페이지 www.makingbooks.co.kr

ISBN 979-11-91472-03-5(03810)
값 14,000원

ⓒ 김진우 2021 Printed in Korea

잘못된 책은 구입하신 곳에서 바꾸어 드립니다.
이 책의 전부 또는 일부 내용을 재사용하려면 사전에 저작권자와 펴낸곳의 동의를 받아야 합니다.

홈페이지 바로가기

메이킹북스는 저자님의 소중한 투고 원고를 기다립니다.
출간에 대한 관심이 있으신 분은 making_books@naver.com로 보내 주세요.

프라이팬에 뜬 보름달

김진우 동시집

메이킹북스

가끔은 슬프지만 그만큼 더 아름답게……. 우리 모두 그의 말을 빌려 이렇게 말할 수 있으니까. “나, 엄마한테서 나왔다!”

책을 여는 글

사람이 이 세상에 태어나 살아가자면 지식과 지혜가 필요하죠.

지식은 무엇일까요? 또 지혜는 무엇일까요?

누군가 물어본다면 이렇게 말해주고 싶어요.

'1×1'을 지식의 눈으로 보면 정답은 하나뿐이지요. 하지만 지혜의 마음으로 보면 정답은 수천수만 가지예요.

땅일 수도 있고, 바다일 수도 있고, 사랑일 수도 있고, 미움일 수도 있고요. 지혜의 마음속에서 샘처럼 솟아나는 맑은 언어는 모두 답일 거예요. 아무리 지식이 뛰어나다 하더라도 세상을 슬기롭게 살아가기에는 결코 지혜를 앞설 수 없지요.

지식은 모르는 것도 아는 척하며 남들을 업신여기는 편이지만, 지혜는 아는 것도 모르는 척하며 남들을 존중하는 편이지요.

그럼 국어사전은 두 단어를 무어라 설명하는지 살펴보기로 하죠. 지식이란 '어떤 현상에 대하여 배우거나 실천을 통하여 알게 된 명확한 인식이나 이해', 지혜란 '사물의 이치를 빨리 깨닫고 사물을 정확하게 처리하는 정신적 능

저 병아리 보고
너 어디서 태어났어

뜬금없이 물어보면
골치 아프겠다

계란이라 해야 하나
달걀이라 해야 하나

야, 뭐가 골치 아파
이렇게 대답하면 되지

"나, 엄마한테서 나왔다!"

—「병아리 대답」 전문

우리는 그가 수줍게 내민 한 권의 동시집을 통해 배운다. 우리의 내일은 원하는 대로 오지 않지만 우리가 꾸는 꿈과 사랑은 언제나 곁에 있다는 사실을. 그의 시처럼 따뜻하게,

력'. 이처럼 지식이나 지혜의 차이점을 〈배우거나〉, 〈깨닫고〉로 엇비슷하게 설명하는데요.

사전을 덮고 생각해보면 지식은 딱딱하게 굳어버린 돌덩이 같지만, 지혜는 손으로 만지면 말랑말랑한 찰흙 반죽 같다는 느낌이 들어요.

그러기에 지혜는 어떤 글귀에 갖다 붙여도 잘 어울리지요.

지혜로운 지식, 지혜로운 돈, 지혜로운 꿈, 지혜로운 기도, 지혜로운 가난, 지혜로운 책…….

이 시집을 열 번이고 백 번이고 반복해서 읽다 보면 지혜로운 행복의 문을 서로서로 열어주는, 지혜로운 사람이 될 거예요.

책을 내기까지는 지혜로운 사람들이 글자들을 '톡톡톡톡' 두드려가며 지혜롭게 꾸며주었죠. 특별히 존경하는 김 륭 선생님께서, 못난 시를 달래고 혼내가며 지혜로운 해설을 써주셨어요.

이 은혜들을 지혜로운 마음으로 오래오래 간직할 거예요.

2020년 10월 24일

부천 덕산고등학교 시설관리실에서

김 진 우 드림.

웃음과 함께 가져오는 것일지도 모른다. 해서, 우리가 가진 모든 삶은 다시 말해져야 하고 기록돼야 한다. 행여 억압받거나 학대받은 어린 시절, 불행을 경험한 그 어떤 아픔마저도……. 나이 혹은 그 무엇과도 상관없이 어린 시절은 항상 우리 안에 살아있다. 우리는, 우리를 스스로 기억해내고 다시 상상했을 때 진심 어린 마음으로 사랑하고 사랑받을 수 있는 존재가 된다. "손톱처럼/돈도 이렇게 생기면/얼마나 좋을까?"(「손톱」) 언젠가 엄마의 말을 "엄마가 쓴 시"로 치환해 "톡톡 읽는" 아이, 그러니까 그의 내면의 아이를 통해 우리는 무슨 생각을 할 수 있으며 무엇을 얻을 수 있을까. 동시에서 '가난'은 이렇게도 아는 척 모르는 척 감동을 준다. 손톱을 깎듯 불러댄 그가 불러낸 내면의 아이를 통해 우리는 알게 된다. 사랑이 사랑을 읽거나 마음이 마음을 말하기 위해 우리는 먼저 고백해야 한다. 이때 아이와 고백은 모든 것이 될 수 있다. 해서, 이즈음 아이들의 현실이 불행하다고 가정하더라도 괜찮다. 아이는 이야기를 통해 항상 행복을 만들 수 있기 때문이다. 이런 사실을 믿는 작가의 서사는 아름다울 수밖에 없다. 그것은 삶에 찌든 모든 우리에게 '아이처럼' 있을 수 있는 시간과 「병아리 대답」 같은 사랑이 주어지기 때문이다.

제1부

꽃들은 달리고 달릴 뿐이다

차례

할배꽃은 어디에도 없다
하느님이 꽃을 만들다가
아차! 까먹으셨나 보다

하느님 우리 하느님
내 말 듣고 계시지요
할미꽃이랑 천생연분처럼
잘 어울리는 반듯한
할배꽃도 만들어주세요

얼마 전 하늘나라 가신
우리 할머니 할아버지
할미꽃 할배꽃으로 만나
두 분이 서로 마주 앉아
도란도란 꽃 피우게요

—「할배꽃」 전문

어쩌면 동심이란 우리 기억 속에서 사라진 '마법의 힘'을

봄봄봄

여기도 꽃
저기도 꽃

꽃꽃꽃…….

꽃 따라다니는 모시나비야!
이 봄을 어쩌면 좋니
아무래도,

너나 나나
똥줄 타게 생겼다

낮인지 밤인지 모른 채
시커먼 연탄 덩어리 캤대
일을 마치고 나오시면
개미처럼 온몸이 까맸대

우리 아빠가 그러는데
개미는 할아버지였대
탄광 막장 같은 제집을
뒤뚱뒤뚱 드나들며

자신보다 덩치가 더 큰
먹잇감을 물어 날랐대
땅속으로 들어가는 개미
할아버지인 줄 알았대

—「할아버지는 일개미였대」 전문

할미꽃은 있는데
눈 씻고 찾아보아도

꽃과 나비는

꽃과 나비는
서로 극이 다른
자석인가 봐

꽃에 다가가자
착, 달라붙는
나비를 보니

극이 같으면 서로
끌리지 않는다는데
꽃아 나비야

너희 둘 중에
누가 플러스니
누가 마이너스니

캄캄한 땅속에서 연탄을 캐셨던 아버지 이야기를 시적 장식 없이 그대로 담아낸「할아버지는 일개미였대」는 우리가 잃어가거나 잊어가는 것에 대한 아름다운 애도이자 '희망 있음'에 대한 기록. 이 하나의 서사만으로도 충분하지 않은가. 그래서 감히 이렇게 쓴다. 소셜 미디어와 게임에 더 많은 시간을 보내는 아이들이 맑은 눈과 따스한 가슴으로 성장하기를 바라는 사람이라면, 이 한 권의 동시집은 바로 당신과 당신이 사랑하는 모든 아이들을 위한 것이다. 그리고 질문 하나. 동심은 어른으로서 우리가 가진 몸과 마음을 얼마나 뜨겁게 달아오르게 할 수 있을까? 동시란 문학 장르가 가진 힘은 뜬금없는 이 질문 하나로도 충분하지 않겠는가. 그의 작품으로 확인할 수 있듯 아이들을 진심 어린 사랑으로 끌어안는 동시의 품은 무한적으로 깊어지고 넓어질 수 있기 때문이다.

우리 아빠가 그러는데
할아버지는 개미였대
수백 미터 어두운 땅속을
더듬더듬 기어 들어가

참나리

참나리 꽃잎에
콕콕콕 찍혀 있는
까만 꽃무늬

벌 나비에게
밤새워 가며 쓴
점자 편지래

꽃에 앉은 호랑나비야!
꿀은 그만 먹고
그 사연도 읽어보렴

나도 좀 들어보자

는 현실적인 메시지로 사랑을 깨워 일으킨다. "할머니는 쌀 씻은 물을/양동이에 따로 받아놨다가/"배고프지 어여 먹어라"/화분에 한 대접씩 퍼"주고, "침침한 베란다 구석구석/꽃봉오리 팡팡, 터트"리는 화분의 꽃들과 "아침에는/뿔뿔이 흩어지며/졌다가//저녁에는/현관에/하나 둘 셋…….//다 모여들며/색색/피어나는"//운동화!"가 「엄마가 기다리는 꽃」이라는 시인의 주장은 작가로서 시적 방언을 고집하기보다 따스한 애정이 묻어나는 가족 서사를 꿈꾸는 시인의 의지에서 발화된 서사다. 어른시로 말하자면 주체와 세계가 조화를 이루는 그 무엇보다 따뜻하고 '행복한 서정시'가 아닌가. 그렇다. 그가 '무작정'(?)—필자는 2016년 제13회 부천 신인문학상 동시 부문에 심사를 맡은 적은 있지만 그와 일면식도 없기 때문—첫 동시집 해설을 부탁해왔을 때 거절을 못한 것은 그의 이 같은 따뜻하고 행복한 서정성에 덧붙여 그의 진정성을 담보할 수 있었기 때문이다. 그는 해설을 부탁하며 보낸 메일에 이렇게 썼다.

"저는 강원도 평창이 고향이고요. 아버지는 식구들 먹여 살리려고 태백 탄광에서 광부로 일하셨어요. 캄캄한 땅속에서 연탄을 캐셨던 아버지의 얼굴을 떠올리며 막장에서 곡괭이질 하듯이 한 자 한 자 시를 썼습니다. 저는 부천 덕산고등학교에서 아이들의 고장 난 책걸상을 뚝딱뚝딱 고쳐주는 주무관으로 근무하고 있습니다."

비맞이꽃

꽃 이름이
새로 생겨났다

달밤에 피는
달맞이꽃,

비를 맞으며
꽃을 피우기에

비맞이꽃으로
바꿔줬다

맛난 거 먹고 싶은 마음
말로는 얘기 못 할지라도
꽃이나 사람이나 매한가지라
맹물보다 더 좋아한다며

할머니의 애틋한 보살핌에
고마운 마음 보여주는 걸까?
침침한 베란다 구석구석
꽃봉오리 팡팡, 터트립니다

그냥 버리기에는 아깝다며
젖빛이 도는 뽀얀 쌀뜨물을
때맞추어 퍼주시는 할머니
꽃 엄마일지도 모릅니다

—「할머니와 쌀뜨물」 전문

그의 시는 가족에 얽힌 현실을 이야기할 때도 허황되거나 오만하지 않고 독자들이 충분히 공감하고 공유할 수 있

민들레 별명

저 노오란 민들레한테
별명을 지어준다면

흥부와 놀부 중에서
놀부가 잘 어울릴 거야

너도나도 싫다며 꺼리는
보도블록 좁은 틈새에

비집고 들어앉은 모습
욕심쟁이 놀부 같거든

아침에는
뿔뿔이 흩어지며
졌다가

저녁에는
현관에
하나 둘 셋…….

다 모여들며
색색
피어나는

운동화!

—「엄마가 기다리는 꽃」 전문

할머니는 쌀 씻은 물을
양동이에 따로 받아놨다가
"배고프지 어여 먹어라"
화분에 한 대접씩 퍼줍니다

꽃들의 이어달리기

출발부터 도착까지
줄지어 선 꽃들은
달리고 달릴 뿐이다

차례를 기다리는
다음 주자에게
바통을 넘겨주듯이,

이 꽃들 지자
연이어 저 꽃들 피는
꽃들의 이어달리기

그러니까, 꽃들은
계절 내내 달리면서
피고 지고 핀다

지꽃 속 아이가 그렇다. “꽃이 피는 7월이면/한창 피다가 못다 핀/그날, 네 모습이/내 눈길 머무는 곳마다/자꾸자꾸 아른거리지” 이처럼 대부분의 그의 시편들은 작고 초라한 대상들을 소재로 하고 있고, 그것을 눈여겨보는 시인의 감성은 수수하고 아이처럼 여려 인간적인 이해와 공감을 불러일으킨다.

꽃을 중심으로 한 그의 서정성은 가족 간의 애틋한 사랑 속으로 들어갔을 때 더욱 구체성을 확보하며 깊어진다. 현실에 대한 관심 또한 놓치지 않고 사랑의 표지들로 형상화해 낸다. 그가 이번 동시집을 통해 보여주는 사랑은 어리지만 세계를 향해 끊임없이 달려야 하는 아이들을 중심으로 한 가족을 위해 존재한다. 꽃이든 동물이든 그 어떤 사물의 형상으로 오든 그를 흔들어 깨우고 말을 걸어오는 세계는 내면의 아이 입을 통해 형상화되며 애틋한 사랑과 꿈으로 과거는 물론 미래까지 휘감아 돈다. 그러니까 어린 시절은 기억하는 것이 아니라 발견하는 것이다. 그리고 무엇보다 중요한 것은 우리가 말하는 어린 시절은 과거가 아니라 미래에 있는지도 모른다는 것이다.

떡잎은 두 장이래

봉선화
해바라기
코스모스

이 꽃들은
땅속에서 나올 때

떡잎은 두 장이래
더는 필요 없대

너, 나 단둘이서
마음 짝짝 맞춰

이 동네
저 동네
꽃 피운대

걸핏하면
이래라저래라 못살게 구는
우리 아빠한테

이 노란 팬지꽃 한 다발
꼭, 선물해야겠다

—「팬지꽃」 전문

위 작품을 읽으며 과거는 시간이 아니라 공간이라고 쓴다. 보다 시적으로, 무엇보다 과거는 보물창고다. 우리가 온전히 가질 수 있는 것은 과거뿐이고, 과거라는 보물창고는 우리가 자유로이 사용할 수 있는 것이다. 우리가 흔히 말하는 동심이란 게 그런 것 아닐까. 「못다 핀 봉숭아」와 「팬지꽃」을 통해 알 수 있듯 그가 가진 시의 특징 중 하나는 여림과 섬세함이다. "다 잊었나 했는데" 어른이 되어도 생각나는 봉숭아의 서사가 그렇고, "걸핏하면/이래라저래라 못살게 구는 우리 아빠한테", "노란 팬지꽃 한 다발/꼭, 선물해야겠다"는 시인의 과거를 불러온 팬

틈바구니가 고마운지

시멘트 바닥 갈라진 틈바구니에
어느 날 질경이가 자리를 잡더니

– 냉이야
너도 이리와 봐

– 민들레야
너도 이리와 봐

– 씀바귀야
너도 이리와 봐

친구들 일일이 불러 모아
길모퉁이에 풀꽃 밭을 가꿔줬습니다

더는 피지 못하는
봉숭아가 되고 말았지

꽃이 피는 7월이면
한창 피다가 못다 핀
그날, 네 모습이
내 눈길 머무는 곳마다
자꾸자꾸 아른거리지

—「못다 핀 봉숭아」 전문

팬지꽃 꽃말이
너, 뭔 줄 알고 있니?

“나를 생각해주세요”래

어, 그 말 참말이니
그럼 마침 잘됐다

조화도 꽃이니까

화분에 물을 줬어
한 번 주고
열 번 주고
물을 주다 보니
다른 꽃들은 꽃 피는데
저 꽃만은
꿀 먹은 벙어리였어

알고 보니
진짜 같은 조화였어
감쪽같이 속았다 싶어
두 눈을 탓하자
마음마저 언짢았어
그래도
물은 그대로 주기로 했어

조화도 꽃이니까

벌서던 나처럼
고개를 숙이고 있었지

분홍빛 여린 꽃잎은
거뭇거뭇 멍이 들었고
싱싱하던 푸른 이파리는
시들어가고 있었지

내가 어떻게 해야
본래대로 할 수 있을까
축 처진 꽃대를 두 손으로
일으켜 세워 보았지만
이내 맥없이 쓰러졌지

뿌리 부분에 가만가만
비료를 뿌려줘야 하는데
괜한 욕심을 부리며

독약 같은 비료를
온몸에 퍼부은 바람에

못다 핀 봉숭아

다 잊었나 했는데
골목길을 걷다가
너랑 마주치기라도 하면
그날이 문득 생각난다

시골 할아버지 댁에
방학이라 놀러 갔다가
네가 돌담 아래
소복이 피고 있기에

철부지 어린 마음은
더 높이 더 크게
자라기를 바랐나 봐

할아버지가 잠깐
집을 비운 사이
네 머리부터 발끝까지
비료를 퍼부었지

다음 날 이른 아침
부푼 마음으로

시골 할아버지 댁에
방학이라 놀러 갔다가
네가 돌담 아래
소복이 피고 있기에

철부지 어린 마음은
더 높이 더 크게
자라기를 바랐나 봐

할아버지가 잠깐
집을 비운 사이
네 머리부터 발끝까지
비료를 퍼부었지

다음 날 이른 아침
부푼 마음으로
설레는 마음으로
너한테 다가갔더니

공부시간에 장난치다가

설레는 마음으로
너한테 다가갔더니

공부시간에 장난치다가
벌서던 나처럼
고개를 숙이고 있었지

분홍빛 여린 꽃잎은
거뭇거뭇 멍이 들었고
싱싱하던 푸른 이파리는
시들어가고 있었지

내가 어떻게 해야
본래대로 할 수 있을까
축 처진 꽃대를 두 손으로
일으켜 세워 보았지만
이내 맥없이 쓰러졌지

뿌리 부분에 가만가만
비료를 뿌려줘야 하는데
괜한 욕심을 부리며

독약 같은 비료를
온몸에 퍼부은 바람에

저 동네
꽃 피운대

—「떡잎은 두 장이래」 전문

“꽃들은 달리고 달린다”는 그의 문장에 왜? 하고 물음표를 내려놓으면 놀자, 놀자, 놀자는 청유형의 문장이 만들어진다. 자전거는 “서로 맘 통하는 바퀴처럼/단짝이 되어” 놀고, 봉선화와 해바라기, 코스모스가 “땅속에서 나올 때” 떡잎 두 장을 들고 나와 “너, 나 단둘이서/마음 짝짝 맞춰” 놀면서 “이 동네/저 동네/꽃 피”우는 것이다. 이처럼 그의 시에서 시간을 초월하는 힘을 느낄 수 있는 것도 ‘달린다’는 동사 때문. 그가 보여주는 대부분의 작품들은 내면의 아이로부터 출발해 구체적인 현실에 도착해서 다른 아이들을 불러내는 리듬으로 이뤄진다.

다 잊었나 했는데
골목길을 걷다가
너랑 마주치기라도 하면
그날이 문득 생각난다

더는 피지 못하는
봉숭아가 되고 말았지

꽃이 피는 7월이면
한창 피다가 못다 핀
그날, 네 모습이
내 눈길 머무는 곳마다
자꾸자꾸 아른거리지

서로 맘 통하는 바퀴처럼
단짝이 되어야 한대

—「두발자전거 타기」 전문

봉선화
해바라기
코스모스

이 꽃들은
땅속에서 나올 때

떡잎은 두 장이래
더는 필요 없대

너, 나 단둘이서
마음 짝짝 맞춰

이 동네

팬지꽃

팬지꽃 꽃말이
너, 뭔 줄 알고 있니?

“나를 생각해주세요”래

어, 그 말 참말이니
그럼 마침 잘됐다

걸핏하면
이래라저래라 못살게 구는
우리 아빠한테

이 노란 팬지꽃 한 다발
꼭, 선물해야겠다

말하는 동심은 이처럼 한없이 여리고 어린 '말의 힘'으로 지금 여기 우리를 살아 움직이게 한다. "— 냉이야/너도 이리와 봐//— 민들레야/너도 이리와 봐//— 씀바귀야/너도 이리와 봐"라고. 더불어 우리가 모르는 그 무엇인가를 사랑하게 하고 우리가 꿈꾸는 그 무엇인가를 만들어내는 건 아닐까?

네발자전거를 타다가
두발자전거로 달리고 싶어
페달을 힘껏 구를 때마다

넘어지고 넘어지는 나에게
엄마 아빠가 말씀하시기를
자전거랑 친구가 되어야 한대

앞바퀴가 좌회전을 하면
뒷바퀴도 따라 돌아가는
뒷바퀴가 브레이크를 잡으면

앞바퀴도 같이 멈춰 서는

엄마가 기다리는 꽃

아침에는
뿔뿔이 흩어지며
졌다가

저녁에는
현관에
하나 둘 셋…….

다 모여들며
색색
피어나는

운동화!

– 냉이야

너도 이리와 봐

– 민들레야

너도 이리와 봐

– 씀바귀야

너도 이리와 봐

친구들 일일이 불러 모아

길모퉁이에 풀꽃 밭을 가꿔줬습니다

—「틈바구니가 고마운지」 전문

"시멘트 바닥 갈라진 틈바구니에"서도 살아나는 꽃이 있듯이 연약하고 어리다는 것을 통해 살아나는 말(言)이 있다. 그러고 보면 진정으로 말을 잘 하는 쪽 혹은 말할 힘을 가진 쪽은 어른이 아니라 아이일지 모른다. 「틈바구니가 고마운지」란 작품을 통해 확인할 수 있듯 우리가 흔히

할배꽃

할미꽃은 있는데
눈 씻고 찾아보아도
할배꽃은 어디에도 없다
하느님이 꽃을 만들다가
아차! 까먹으셨나 보다

하느님 우리 하느님
내 말 듣고 계시지요
할미꽃이랑 천생연분처럼
잘 어울리는 반듯한
할배꽃도 만들어주세요

얼마 전 하늘나라 가신
우리 할머니 할아버지
할미꽃 할배꽃으로 만나
두 분이 서로 마주 앉아
도란도란 꽃 피우게요

지만 무엇보다 그의 따스한 경험과 기억들은 "나도 좀 들어보자"는 청유형 문장과 함께 꽃처럼 피어나 달린다. 세상이 제아무리 빠르게 변해도 여전히 변치 않는 것들, 사랑하는 마음들이 빚어내는 말과 눈빛들, 그리고 진심 어린 위로와 믿음의 뿌리까지 흔들며 생동감을 불러일으키는 것이다. 그렇다. 아이들은 자라고 달린다. 이 문장을 보다 구체적으로 이렇게 쓸 수도 있다. 아이들의 말은 자라고 아이들보다 빠르게 달린다. 꽃처럼……. 아이들의 키가 자라고 몸무게가 늘듯 말 또한 자라 나름대로 수식의 날개를 달고 의미를 확장해 간다. 이를 '김진우 식'으로 은유하면 "꽃들은 달리고 달린다"로 치환, 제각기 몸에 맞는 빛깔을 담고 향기를 품은 이야기가 된다. 이때 이야기는 어떤 의미, 소통에 기여하기보다 대개 꿈과 현실을 넘나드는 놀이에 가깝다. 아이들의 천연덕스러운 얼굴에는 세상의 모든 서사가 상형문자처럼 들어 있다는 느낌을 받는 것도 그런 까닭이다. 그는 이 상형문자를 꽃으로 치환해놓고 '달린다'는 동사를 부여하기 때문이다.

시멘트 바닥 갈라진 틈바구니에
어느 날 질경이가 자리를 잡더니

제2부

어디를 가더라도 무엇을 하더라도

차례

꽃은 핀다. 봄에도 피고 여름과 가을, 하물며 겨울에도 피는 꽃이 있다. 이때 꽃은 미술관에 걸린 그림처럼 보인다. 계절이 지극히 당연하게 보여주는 시각적 이미지로 실현된다. 이를테면 꽃은 특정 시공간이 꺼내놓는 객체인 셈. 그런데 '핀다'는 자리에 '달린다'는 동사가 놓이면 사정이 달라진다. 봄, 여름, 가을, 겨울로 구획된 계절은 2차원적인 공간의 개념으로 전락하며 꽃은 그 공간은 물론 시간까지 장악, 역동적인 힘을 갖게 된다. 땅에 '발목이 붙잡힌' 꽃이 달린다는 역설이 자연스러운 것은 '시의 힘'이다. '달린다'의 동사 속에는 단순히 시각적인 이미지뿐만 아니라 청각적인 이미지도 내재되었다는 느낌을 받는 것도 이 때문. 즉, 시 속에 놓인 꽃이란 주체가 달리는 이미지가 시인 내면의 청각적인 이미지까지 견인, 정서적 울림을 준다는 얘기다. 이때 꽃은 시의 화자이자 내레이터로서, '나'가 들여놓은 주체로서 시공간(계절)을 지배한다. 그의 시가 발화되는 지점이다. 이처럼 그에게 시는 작고 연약한 것들에게 쥐여주는 꿈과 사랑이다. 이번 첫 동시집에서 그가 보여주는 세계가 천연덕스러우면서도 미학적인 까닭이다. "꽃에 앉은 호랑나비야!/꿀은 그만 먹고/그 사연도 읽어보렴//나도 좀 들어보자" 「참나리」처럼 소박하

프라이팬에 뜬 보름달

기름을 두른 프라이팬에
달걀 톡, 깨 놓을 때는
손힘 조절을 잘해야 해요
부화를 꿈꾸는 달걀이

집을 훤히 밝혀주기 전에
물러터질 수도 있거든요
노오랗고 동그란 노른자
프라이팬에 뜬 보름달이죠

저는 달이 보고 싶으면
밤하늘 같은 프라이팬을
가스레인지 위에 올려놓고
달걀 프라이를 하지요

그러므로 한 편 한 편 그의 작품이 담고 있는 메시지는 모진 겨울을 견디고 봄으로 오는 꽃으로 형상화되며, 그 "꽃들은 달리고 달릴 뿐"이다. 따라서 그의 서사는 사실적이고 희망적인 고백으로 그려지며 반추된다.

참나리 꽃잎에
콕콕콕 찍혀 있는
까만 꽃무늬

벌 나비에게
밤새워 가며 쓴
점자 편지래

꽃에 앉은 호랑나비야!
꿀은 그만 먹고
그 사연도 읽어보렴

나도 좀 들어보자

—「참나리」 전문

꼬르륵 배꼽시계

점심 먹으라고
꼬르륵꼬르륵…….
알람이 울립니다

"어디를 가더라도
무엇을 하더라도
끼니는 거르지 말아라"

이 말 잊을까 봐
엄마가 배 한가운데
걸어놓은 배꼽시계

다른 시간은 몰라도
삼시 세끼 밥때는
꼬르륵 알려줍니다

“지혜는 사색만도 아니고 행동만도 아니며, 행동하는 사색이라는 것이 나의 결론”(존 던)이라는 말처럼 그는 58편의 작품 속 화자들을 통해 자신의 내면을 거울처럼 보여주면서 고백할 수 있는 힘을 얻는다. 어른작가로서 아이들을 응원하는 최선의 방법인 셈인데 그것은 권위적인 세계를 추종하거나 고집하는 어른을 떠나면서 시작된다. 아이들로 하여금 어른의 세계로 편입하라고 은연중 강요하는 작가야말로 케케묵은 자기연민에 허우적거리는 어리석은 존재란 것을 그는 알고 있는 것이다. 이번 시집에 수록된 몇몇 작품들에서 아이들의 정제되지 않은 목소리란 느낌을 받는 것도 이런 그의 세계관 때문일 것이다. 그는 자기 마음대로 놀면서 하루하루를 즐기고 싶은 아이들의 욕망을 억압하지 않는다. 아이들은 자신이 가진 언어만으로도 어른들의 권위는 물론 상상력을 능가한다. 이른바 동심을 “달리고 달릴 뿐”인 꽃처럼 키워낼 때 얻을 수 있는 하나의 마법이다. 그는 아이들과 소통하며 마냥 놀려고 한다. 따라서 그의 작품에 등장하는 아이들은 그 어떤 상황에서도 심각하지 않고 설령 심각한 상황일지라도 천연덕스럽게 웃는 것을 좋아한다. 총 4부로 나누어진 이 동시집의 1부 소제목처럼 그는 아이들과 함께 달리고 달릴 뿐이다.

엄마탑

경주 불국사에는
다보탑
석가탑이 있고요

우리 집 찬장에는
밥그릇탑
국그릇탑이 있지요

엄마를 거든다고
설거지하다가
비로소 알았어요

밥그릇은
밥그릇끼리
국그릇은
국그릇끼리

차곡차곡 포개자
사람들이 기도드리는
탑처럼 보였어요

할 수 있는 최초이자 최후의 언어이자 진심 어린 몸짓이다. 그는 이를 알고 있는 어른작가이다. 그런 까닭일 것이다. 그는 절대 아이들 위에서 군림하려고 들지 않는다. 그의 문장은 망설이지 않는다. 우울하지 않고, 무겁거나 엄숙하지도 않다. 그는 단지 자신의 내면을 아이들의 눈높이에서 두 손으로 「첫눈」을 받는 마음으로 그려내고 싶어 한다. 작품들 속 화자인 '나'를 먼저 고백한 다음 천연덕스러운 아이들의 세계를 거울처럼 얻으려고 한다. 아이들을 향해 머리보다 가슴을 먼저 내밀 때 가능한 일이다. 이 같은 그의 세계관은 '책을 여는 글'을 통해서도 드러난다.

"1×1"을 지식의 눈으로 보면 정답은 하나뿐이지요. 하지만 지혜의 마음으로 보면 정답은 수천수만 가지예요. 땅일 수도 있고, 바다일 수도 있고, 사랑일 수도 있고, 미움일 수도 있고요. 지혜의 마음속에서 샘처럼 솟아나는 맑은 언어는 모두 답일 거예요. 아무리 지식이 뛰어나다 하더라도 세상을 슬기롭게 살아가기에는 결코 지혜를 앞설 수 없지요. 지식은 모르는 것도 아는 척하며 남들을 업신여기는 편이지만, 지혜는 아는 것도 모르는 척하며 남들을 존중하는 편이지요. (중략) 지혜는 손으로 만지면 말랑말랑한 찰흙 반죽 같다는 느낌이 들어요. 그러기에 지혜는 어떤 글귀에다 갖다 붙여도 잘 어울리지요. 지혜로운 지식, 지혜로운 돈, 지혜로운 꿈, 지혜로운 기도, 지혜로운 가난, 지혜로운 책……. 이 시집을 열 번이고 백 번이고 반복해서 읽다 보면 지혜로운 행복의 문을 서로서로 열어주는, 지혜로운 사람이 될 거예요.('책을 여는 글' 중에서)

우리 가족의

건강과 행복을 비는

엄마탑이라고

생각 생각했어요

불을 켜고 나온다

꺼질 듯 말 듯
깜빡 깜빡거리는

고 조그만 불빛
저 멀리 보내려고

—「개똥벌레」 전문

한 권의 동시집이 두 손으로 받는 첫눈처럼 따스하고 희다. "첫눈" 하고 가만히 하늘을 바라보는 독자가 있다면 백지의 한 페이지가 되어 세상의 모든 사랑을 담아내고 싶은 마음을 옮겨놓을지도 모른다. 그의 말처럼 "아마/작년에도/그랬지 싶어"(「첫눈」) 하고 두 손을 모으고 지나온 날들을 고백할 수도 있을 것이다. 우리 모두가 품고 싶은 '사랑'과 우리 모두가 꾸고 싶은 '꿈'을 개똥벌레처럼 "고 조그만 불빛/저 멀리 보내려고"(「개똥벌레」) 말이다. 정말 그럴지도 모른다. 그러니까 그가 가진 '고백의 언어'는 어떤 교훈이나 계몽의 언어가 아니다. 아이들과 서로 소통

손벽

두 손이 마주쳐야
소리가 나는 손뼉은
친구를 부르는 말이더군

날 듯 말 듯 하다가
이름이 생각나지 않아
손뼉을 짝짝짝 쳤더니

내 말을 알아들었는지
그 애가 뒤돌아보자마자
나를 향해 달려오더군

그럴지 몰라

—「첫눈」 전문

동심으로 근원의 세계에 도달하고자 하는 어른작가의 따스한 꿈이 만들어낸 첫눈이다. 동심으로 세계를 바라보고 세계에 말을 거는 자의 시선과 목소리는 이처럼 맑고 투명하다. 그러니까 '영원히 가치 있고 아름다운'이라는 수식어를 붙일 수 있는 아이들의 세계에서 꿈이 중요한 것은 생산적인 꿈을 꾸기 때문이 아니다. 차라리 그 꿈을 꾸는 과정에서 발생하는 가능성에 밑줄을 긋는 게 맞다. 그가 어른작가로서 아이들을 위한 사랑을 확보해가는 방식이다. 그가 가진 꿈은 꿈꿀 수 없는 것을 꾸는 꿈(환각)이 아니라 꿈 자체가 가진 서정성이다. 그는 어릴 때 잃어버린 꿈과 사랑을 다시 글로 씀으로써 그 꿈과 사랑을 환원하고, 완성하고 싶을지도 모른다. "환한 대낮에는/풀숲 속에 숨는"「개똥벌레」처럼…….

환한 대낮에는
풀숲 속에 숨는다

캄캄한 밤에는

할아버지는 일개미였대

우리 아빠가 그러는데
할아버지는 개미였대
수백 미터 어두운 땅속을
더듬더듬 기어 들어가

낮인지 밤인지 모른 채
시커먼 연탄 덩어리 캤대
일을 마치고 나오시면
개미처럼 온몸이 까맸대

우리 아빠가 그러는데
개미는 할아버지였대
탄광 막장 같은 제집을
뒤뚱뒤뚱 드나들며

자신보다 덩치가 더 큰
먹잇감을 물어 날랐대
땅속으로 들어가는 개미
할아버지인 줄 알았대

해설

"고 조그만 불빛/저 멀리 보내려고"

꽃처럼 달리는 내면의 아이와 나누는 고백의 언어

김 륭 시인

먼저 대여섯 살쯤의 코흘리개로 돌아가 그의 「첫눈」부터 읽자. 아니, 두 손으로 받자. "하늘/뱃속에서 나온 갓난아기 같아"라고 썼으니까. 그렇다면, 읽는 것보다 맞는 게 어때? 그래, 맞다. 그의 첫눈은 그냥 온몸으로 맞는 게 좋겠다는 생각이 든다.

아마
작년에도
그랬지 싶어

하늘
뱃속에서 나온 갓난아기 같아
품에 안듯,
두 손에 받았어

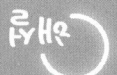

내년에도
또,

손톱

손톱
또깍 또깍
깎다 보면

언젠가
엄마가 하신 말씀
톡톡 튄다

"손톱처럼
돈도 이렇게 생기면
얼마나 좋을까?"

손톱
또깍 또깍
깎다 보면

엄마가 쓴 시
손톱이
톡톡 읽어준다

발톱

발톱을 깎기로 마음먹고는
어제 또, 까먹었다

오늘 아침 머리 숙여
양말을 신다가 알았다

계속해서 이러다가는 발톱
언제 깎으려나 모르겠다

한 가정 꾸미기

시계 안에는
초침
분침
시침
이 세 침이
똑딱똑딱 산다

집 안에는
딸
엄마
아빠
이 세 사람이
재잘재잘 산다

시계도
집도
한군데 셋이 모이자
똑딱똑딱
재잘재잘
한 가정이 된다

도토리 엄마

도토리 보는 데서
“도토리 키 재기”라는 말
섣불리 하지 마

상수리나무 떡갈나무 졸참나무
돌참나무 갈참나무 물참나무
너도밤나무 가시나무 졸가시나무
복가시나무 털가시나무
구실잣밤나무 신갈나무

아, 글쎄
이 많은 나무가
도토리 엄마래

뿔났다 하면
한꺼번에
우르르 몰려온대

눈사람

저쪽에서
아빠가 굴린
눈덩이

이쪽에서
내가 굴린
눈덩이

동그란
동그란
두 눈덩이

아빠 눈덩이는
내 것보다 크니까
아래쪽에

내 눈덩이는
아빠 것보다 작으니까
위쪽에

이렇게

달걀 한 판

달걀 한 판은
한 달이다

달력처럼 요일에 맞춰
나란히 나란히
네 줄지어 앉은
달걀

하루에
한 알씩 까먹으면
꼬박, 30일 걸리겠다

아래위로
서로 만나자

우리 식구
한 사람 늘어나
네 명이 됐습니다

같이 놀아줄
내 동생
드디어 생겼습니다

가로등

우리 집 앞
좁다란 골목길 가로등은
안됐지만 외다리다

오도 가도 못 하는 외다리라
친구도 못 만나고
시원한 하드도 못 먹고…….

골목에 혼자 서서
열 받을 거다
울화통 터질 거다

참다 참다못해 밤마다
그 머리통 식히려고
불빛을 마구 뿜어대는 거다

가로등은 양다리가 아니기에
깜깜한 밤길을
대낮같이 환히 밝혀주는 거다

엄마 눈대중은

엄마 눈동자가
내 방을 맴돕니다
빙빙 돌고 돌다
한곳에 뚝 멈추자

자기 맘에 드는지
동그란 시계도
네모난 액자도
벽에 착착 걸립니다

기다란 줄자 대신
몇 번의 눈짓에
제자리를 찾아주는
엄마 눈대중은

일일이 눈금을 세며
시계와 액자 사이를
자로 재는 것보다
더 잘 어울립니다

엄마의 귤

식탁 위에 군침이 도는
달콤한 귤이 있어

너 같으면
어떤 것부터 먹을 거니?

나는
이것부터 먹을 거야

엄마가 그랬거든
더 상하기 전에 먹어야 한다고

엄마의 귤은
늘 흠집이 나 있거나
상한 거였어

두발자전거 타기

네발자전거를 타다가
두발자전거로 달리고 싶어
페달을 힘껏 구를 때마다

넘어지고 넘어지는 나에게
엄마 아빠가 말씀하시기를
자전거랑 친구가 되어야 한대

앞바퀴가 좌회전을 하면
뒷바퀴도 따라 돌아가는
뒷바퀴가 브레이크를 잡으면

앞바퀴도 같이 멈춰 서는
서로 맘 통하는 바퀴처럼
단짝이 되어야 한대

어금니

그전엔
어금니가 입안
어디쯤 있었는지
몰랐어

어금니를
벌레가 파먹고 나서야!
알았어

넘어지더라도
다치지 말라고
싸우더라도
부러지지 말라고

보물인 양
입 안쪽에 있었어
꼭꼭, 숨어있었어

첫눈

아마
작년에도
그랬지 싶어

하늘
뱃속에서 나온 갓난아기 같아
품에 안듯,
두 손에 받았어

내년에도
또,
그럴지 몰라

나무 이름 알아맞히기

봄이 되자
나무가 초록 이파리를
팔랑팔랑 붙여놓았단다

그래도 몰랐단다

여름이 되자
나무가 흰 꽃봉오리를
방긋방긋 터트려놓았단다

그래도 몰랐단다

가을이 되자
나무가 빨간 열매를
주렁주렁 매달아 놓았단다

그제야 알았단다

와아—
새콤달콤 자두나무다!

할머니와 쌀뜨물

할머니는 쌀 씻은 물을
양동이에 따로 받아놨다가
"배고프지 어여 먹어라"
화분에 한 대접씩 퍼줍니다

맛난 거 먹고 싶은 마음
말로는 얘기 못 할지라도
꽃이나 사람이나 매한가지라
맹물보다 더 좋아한다며

할머니의 애틋한 보살핌에
고마운 마음 보여주는 걸까?
칩칩한 베란다 구석구석
꽃봉오리 팡팡, 터트립니다

그냥 버리기에는 아깝다며
젖빛이 도는 뽀얀 쌀뜨물을
때맞추어 퍼주시는 할머니
꽃 엄마일지도 모릅니다

나는 까치밥이야

참새 대여섯 마리가
서리하다 들킨 꼬맹이들처럼
골목길 모퉁이 돌아 사라졌어요

아무래도 수상쩍어 포르르 날아간
담장 안을 까치발로 넘겨다보았지요
세상에 잘 익은 홍시 하나

볼때기가 옴폭 파인 채
파르르 떠는 나뭇가지를
한 손으로 꼭 잡고 소리쳤어요

"야, 나는 까치밥이야!"

하늘과 바다

하늘이
파란 까닭은요

파란 바다의
거울이기 때문입니다

바다가
파란 까닭은요

파란 하늘의
거울이기 때문입니다

바다와 하늘은
서로를 비춰주는

우주의 거울입니다

모과

향기는 참 좋은데
얼굴은 영 별로라나!

다 내 작전이었어
얼굴까지 좋았어! 봐

모르긴 몰라도 아마
오늘날까지 이 지구에

살아남지 못했을 거야
공룡처럼 사라졌겠지

기다린다

봄은 여름을
기다린다

여름은 가을을
기다린다

가을은 겨울을
기다린다

겨울은 봄을
기다린다

나는, 너만을
기다린다

나무를 바라다보면

나무는 곁에서 보면
꽃 피고 열매를 맺는
그냥 나무일 뿐이죠

하지만 뒤로 물러나
저만치서 바라다보면
나무는 나무가 아니죠

손가락 같은 가지들이
어울려 자라는 나무는
사람의 손 모양이죠

두 손 모아 기도하는
푸른 나무 바라다보면
엄마 마음이 보이죠

입스크

턱스크란?
무슨 말인지
알아듣고부터는

마스크는
어디에 쓰는 건지
도통 모르겠다

코로나야!
마스크의 '마'를
'입'으로 고쳐

입스크라 부르자

양말

손가락도 발가락도
똑같이 열 개씩인데

손에 끼는 장갑은
제짝이 있고

양말은,

오른발에 신으면
오른짝

왼발에 신으면
왼짝

어, 어 양말 또 빵꾸났다!

제3부

이 사람도 똑 똑 똑
저 사람도 똑 똑 똑

차례

바람의 마음

얼굴이 없어 보인다고
마음마저 없진 않을 거야
바람이 나무의 머리채를
휘어잡아 흔들어 대고 있어

남들은 해코지하는 거로
못살게 구는 줄로 여기겠지
그런데 그게 아닌가 봐

쓰러질 듯 휘청거리던 나무
푸릇푸릇 무성한 모습 보니
나무뿌리가 땅속 깊숙이
뻗어 나가게 하는 건가 봐

우리도 나무를 심고서는
무럭무럭 잘 자라라고
앞뒤로 흔들어주는 것처럼

별들은

여름에는
별들은
하늘 멀리 올라간다

사람들이
반짝이는 별빛에
더워할까 봐

겨울에는
별들은
하늘 가까이 내려온다

사람들이
반짝이는 별빛에
따뜻할까 봐

사과

사과 한 알
그냥 통째로
한 입
두 입
베어 먹었어

새콤달콤
먹다 보니
가운데 부분에
까만 씨가
드러났어

나도 세상에
나오기 전에는
엄마가 배 속에
품고 있던
씨앗이었어

수박을 고를 때

수박 안에
누가 사나 봐

문을 노크하듯이,

이 사람도
똑 똑 똑

저 사람도
똑 똑 똑

개똥벌레

환한 대낮에는
풀숲 속에 숨는다

캄캄한 밤에는
불을 켜고 나온다

꺼질 듯 말 듯
깜빡 깜빡거리는

고 조그만 불빛
저 멀리 보내려고

참새

참새
고 작은 발바닥에
누군가 공기를 빵빵하게
불어 넣었나 봐

나는
오른발
왼발
번갈아 가며 걷는데,

참새는
튀는 공처럼
통 통 통…….
걷는다

누가 누가 그랬을까!

두루마리 화장지

이건 순전히
그냥 하는 말인데요
보들보들 화장지
새까매 봐

우리 선생님 궁댕이
흑염소처럼
음매매 음매매
까맣겠다

이건 순전히
그냥 하는 얘기인데요
보송보송 화장지
새빨개 봐

우리 짝꿍 궁댕이
원숭이처럼
우애애 우애애
빨갛겠다

나는 나를 칭찬하고 싶다

잘했다고 해주는 칭찬은
남이 나한테 하는 건데
오늘만큼은 참 수고했어
나는 나를 칭찬하고 싶다

길바닥에 눈을 감고 있는
자그만 참새 한 마리
사람들 눈에 띌까 싶어
풀숲에 얼른 숨겨주었다

누군가 바쁘게 뛰어가다
무심코 밟을지도 몰라
어머나! 새가 죽었나 봐
누군가 깜짝 놀랄지 몰라

제4부

상하기 전에 먹어야 한다고

차례

하마 대 하마

아무래도 우리 아빠
귀염둥이 외동딸보다
아프리카에 산다는 하마
더 좋아하시나 봐요

– 하마 일어난 거니
– 하마 세수한 거니
– 하마 응아한 거니

아빠, 그 하마 타령
이젠 그만 좀 하세요
하마가 입 쩌억 벌리고
달려오면 어쩔 건데요

껍질

요 며칠 전
까먹다 남은 바나나

오늘 먹으려고
비닐봉지 열어 보니

껍질 안 깐 바나나는
그대로 멀쩡한데

껍질 깐 바나나는
거뭇거뭇 변해있다

알맹이는 먹고
내다 버리는 껍질

그 쓸모없는 껍질이
우리를 지켜준다

바늘

옷을 깁는 나는
듣는 귀만 있고
입은 없는 거니?

배고파도
먹지 못하잖아
널 좋아해도
말 못 하잖아

입이 없어
말라깽이 같은
내 꼬락서니 좀 봐!

어서어서
바늘귀 말고
바늘입이라 불러줘
이제는 더 못 참아

새와 사람

새는 입으로
집을 짓는다

사람은 손으로
집을 짓는다

새의 입이
사람의 손이라면

새는 한 손으로
집을 짓는다

운주사 와불

세상에 오셔서
마냥 누워 계신다는
쿨쿨 잠보 부처님

오늘도 사람들은
두 손 모아 간절히
소원을 빌고 빈다

큰대자로 누워서
주무시는 것 같은데
깨어 계셨나 봐!

지주목은

새로 심은 나무마다
지주목을 대놓았다

어른 같은
키 큰 나무도
세 개

아이 같은
키 작은 나무도
세 개

지주목은
한마음 한뜻이다

날

너는 내가
무슨 날 좋아하는 줄 아니?

케이크 먹는 날
빈둥빈둥 노는 날
징글벨 징글벨 날
이도 저도 아니라면
눈이 펑펑 쏟아지는 날

아니야, 다 아니라고
나는 말이지 너랑,
실컷 놀 수 있는

해가 가장 긴 날

침

침 퉤퉤 뱉지 말자

손가락에 침 묻혀
책을 읽으면 책장이
척척 넘어가더라

손바닥에 침 발라
나무를 패면 장작이
쩍쩍 갈라지더라

침 퉤퉤 뱉지 말자

빳빳한 새 지폐도
침 앞에서는 도무지
맥을 못 추더라

긍정의 기쁨

몰라요
대답하려다가
“다 알아요” 하니

어려운 문제도
술술술
풀리더라

못해요
말하려다가
“다 할 수 있어요” 하니

무거운 돌덩이도
번쩍번쩍
들리더라

병아리 대답

저 병아리 보고
너 어디서 태어났어

뜬금없이 물어보면
골치 아프겠다

계란이라 해야 하나
달걀이라 해야 하나

야, 뭐가 골치 아파
이렇게 대답하면 되지

"나, 엄마한테서 나왔다!"

큰 그릇

나 원 참!
기가 막혀서
벌어진 입이 안 다물어져

엄마, 말을 따라야 하나
그 말을 믿어야 하나

글쎄 큰 그릇에
밥을 먹어야!
큰사람이 된다나

어처구니없지만
엄마는 밥 먹을 때마다

아빠보다 더 큰 그릇에
밥을 퍼준다
국을 떠준다

큰 그릇

나 원 참!
기가 막혀서
벌어진 입이 안 다물어져

엄마, 말을 따라야 하나
그 말을 믿어야 하나

글쎄 큰 그릇에
밥을 먹어야!
큰사람이 된다나

어처구니없지만
엄마는 밥 먹을 때마다

아빠보다 더 큰 그릇에
밥을 퍼준다
국을 떠준다

병아리 대답

저 병아리 보고
너 어디서 태어났어

뜬금없이 물어보면
골치 아프겠다

계란이라 해야 하나
달걀이라 해야 하나

야, 뭐가 골치 아파
이렇게 대답하면 되지

"나, 엄마한테서 나왔다!"

긍정의 기쁨

몰라요
대답하려다가
“다 알아요” 하니

어려운 문제도
술술술
풀리더라

못해요
말하려다가
“다 할 수 있어요” 하니

무거운 돌덩이도
번쩍번쩍
들리더라

침

침 퉤퉤 뱉지 말자

손가락에 침 묻혀
책을 읽으면 책장이
척척 넘어가더라

손바닥에 침 발라
나무를 패면 장작이
쩍쩍 갈라지더라

침 퉤퉤 뱉지 말자

빳빳한 새 지폐도
침 앞에서는 도무지
맥을 못 추더라

날

너는 내가
무슨 날 좋아하는 줄 아니?

케이크 먹는 날
빈둥빈둥 노는 날
징글벨 징글벨 날
이도 저도 아니라면
눈이 펑펑 쏟아지는 날

아니야, 다 아니라고
나는 말이지 너랑,
실컷 놀 수 있는

해가 가장 긴 날

지주목은

새로 심은 나무마다
지주목을 대놓았다

어른 같은
키 큰 나무도
세 개

아이 같은
키 작은 나무도
세 개

지주목은
한마음 한뜻이다

운주사 와불

세상에 오셔서
마냥 누워 계신다는
쿨쿨 잠보 부처님

오늘도 사람들은
두 손 모아 간절히
소원을 빌고 빈다

큰대자로 누워서
주무시는 것 같은데
깨어 계셨나 봐!

새와 사람

새는 입으로
집을 짓는다

사람은 손으로
집을 짓는다

새의 입이
사람의 손이라면

새는 한 손으로
집을 짓는다

바늘

옷을 깁는 나는
듣는 귀만 있고
입은 없는 거니?

배고파도
먹지 못하잖아
널 좋아해도
말 못 하잖아

입이 없어
말라깽이 같은
내 꼬락서니 좀 봐!

어서어서
바늘귀 말고
바늘입이라 불러줘
이제는 더 못 참아

껍질

요 며칠 전
까먹다 남은 바나나

오늘 먹으려고
비닐봉지 열어 보니

껍질 안 깐 바나나는
그대로 멀쩡한데

껍질 깐 바나나는
거뭇거뭇 변해있다

알맹이는 먹고
내다 버리는 껍질

그 쓸모없는 껍질이
우리를 지켜준다

하마 대 하마

아무래도 우리 아빠
귀염둥이 외동딸보다
아프리카에 산다는 하마
더 좋아하시나 봐요

– 하마 일어난 거니
– 하마 세수한 거니
– 하마 응아한 거니

아빠, 그 하마 타령
이젠 그만 좀 하세요
하마가 입 쩌억 벌리고
달려오면 어쩔 건데요

제4부

상하기 전에 먹어야 한다고

차례

나는 나를 칭찬하고 싶다

잘했다고 해주는 칭찬은
남이 나한테 하는 건데
오늘만큼은 참 수고했어
나는 나를 칭찬하고 싶다

길바닥에 눈을 감고 있는
자그만 참새 한 마리
사람들 눈에 띌까 싶어
풀숲에 얼른 숨겨주었다

누군가 바쁘게 뛰어가다
무심코 밟을지도 몰라
어머나! 새가 죽었나 봐
누군가 깜짝 놀랄지 몰라

두루마리 화장지

이건 순전히
그냥 하는 말인데요
보들보들 화장지
새까매 봐

우리 선생님 궁댕이
흑염소처럼
음매매 음매매
까맣겠다

이건 순전히
그냥 하는 얘기인데요
보송보송 화장지
새빨개 봐

우리 짝꿍 궁댕이
원숭이처럼
우애애 우애애
빨갛겠다

참새

참새
고 작은 발바닥에
누군가 공기를 빵빵하게
불어 넣었나 봐

나는
오른발
왼발
번갈아 가며 걷는데,

참새는
튀는 공처럼
통 통 통…….
걷는다

누가 누가 그랬을까!

개똥벌레

환한 대낮에는
풀숲 속에 숨는다

캄캄한 밤에는
불을 켜고 나온다

꺼질 듯 말 듯
깜빡 깜빡거리는

고 조그만 불빛
저 멀리 보내려고

수박을 고를 때

수박 안에
누가 사나 봐

문을 노크하듯이,

이 사람도
똑 똑 똑

저 사람도
똑 똑 똑

사과

사과 한 알
그냥 통째로
한 입
두 입
베어 먹었어

새콤달콤
먹다 보니
가운데 부분에
까만 씨가
드러났어

나도 세상에
나오기 전에는
엄마가 배 속에
품고 있던
씨앗이었어

별들은

여름에는
별들은
하늘 멀리 올라간다

사람들이
반짝이는 별빛에
더워할까 봐

겨울에는
별들은
하늘 가까이 내려온다

사람들이
반짝이는 별빛에
따뜻할까 봐

바람의 마음

얼굴이 없어 보인다고
마음마저 없진 않을 거야
바람이 나무의 머리채를
휘어잡아 흔들어 대고 있어

남들은 해코지하는 거로
못살게 구는 줄로 여기겠지
그런데 그게 아닌가 봐

쓰러질 듯 휘청거리던 나무
푸릇푸릇 무성한 모습 보니
나무뿌리가 땅속 깊숙이
뻗어 나가게 하는 건가 봐

우리도 나무를 심고서는
무럭무럭 잘 자라라고
앞뒤로 흔들어주는 것처럼

제3부

이 사람도 똑 똑 똑
저 사람도 똑 똑 똑

차례

양말

손가락도 발가락도
똑같이 열 개씩인데

손에 끼는 장갑은
제짝이 있고

양말은,

오른발에 신으면
오른짝

왼발에 신으면
왼짝

어, 어 양말 또 빵꾸났다!

입스크

턱스크란?
무슨 말인지
알아듣고부터는

마스크는
어디에 쓰는 건지
도통 모르겠다

코로나야!
마스크의 '마'를
'입'으로 고쳐

입스크라 부르자

나무를 바라다보면

나무는 곁에서 보면
꽃 피고 열매를 맺는
그냥 나무일 뿐이죠

하지만 뒤로 물러나
저만치서 바라다보면
나무는 나무가 아니죠

손가락 같은 가지들이
어울려 자라는 나무는
사람의 손 모양이죠

두 손 모아 기도하는
푸른 나무 바라다보면
엄마 마음이 보이죠

기다린다

봄은 여름을
기다린다

여름은 가을을
기다린다

가을은 겨울을
기다린다

겨울은 봄을
기다린다

나는, 너만을
기다린다

모과

향기는 참 좋은데
얼굴은 영 별로라나!

다 내 작전이었어
얼굴까지 좋았어! 봐

모르긴 몰라도 아마
오늘날까지 이 지구에

살아남지 못했을 거야
공룡처럼 사라졌겠지

하늘과 바다

하늘이
파란 까닭은요

파란 바다의
거울이기 때문입니다

바다가
파란 까닭은요

파란 하늘의
거울이기 때문입니다

바다와 하늘은
서로를 비춰주는

우주의 거울입니다

나는 까치밥이야

참새 대여섯 마리가
서리하다 들킨 꼬맹이들처럼
골목길 모퉁이 돌아 사라졌어요

아무래도 수상쩍어 포르르 날아간
담장 안을 까치발로 넘겨다보았지요
세상에 잘 익은 홍시 하나

볼때기가 옴폭 파인 채
파르르 떠는 나뭇가지를
한 손으로 꼭 잡고 소리쳤어요

"야, 나는 까치밥이야!"

할머니와 쌀뜨물

할머니는 쌀 씻은 물을
양동이에 따로 받아놨다가
"배고프지 어여 먹어라"
화분에 한 대접씩 퍼줍니다

맛난 거 먹고 싶은 마음
말로는 얘기 못 할지라도
꽃이나 사람이나 매한가지라
맹물보다 더 좋아한다며

할머니의 애틋한 보살핌에
고마운 마음 보여주는 걸까?
침침한 베란다 구석구석
꽃봉오리 팡팡, 터트립니다

그냥 버리기에는 아깝다며
젖빛이 도는 뽀얀 쌀뜨물을
때맞추어 퍼주시는 할머니
꽃 엄마일지도 모릅니다

나무 이름 알아맞히기

봄이 되자
나무가 초록 이파리를
팔랑팔랑 붙여놓았단다

그래도 몰랐단다

여름이 되자
나무가 흰 꽃봉오리를
방긋방긋 터트려놓았단다

그래도 몰랐단다

가을이 되자
나무가 빨간 열매를
주렁주렁 매달아 놓았단다

그제야 알았단다

와아–
새콤달콤 자두나무다!

첫눈

아마
작년에도
그랬지 싶어

하늘
뱃속에서 나온 갓난아기 같아
품에 안듯,
두 손에 받았어

내년에도
또,
그럴지 몰라

어금니

그전엔
어금니가 입안
어디쯤 있었는지
몰랐어

어금니를
벌레가 파먹고 나서야!
알았어

넘어지더라도
다치지 말라고
싸우더라도
부러지지 말라고

보물인 양
입 안쪽에 있었어
꼭꼭, 숨어있었어

두발자전거 타기

네발자전거를 타다가
두발자전거로 달리고 싶어
페달을 힘껏 구를 때마다

넘어지고 넘어지는 나에게
엄마 아빠가 말씀하시기를
자전거랑 친구가 되어야 한대

앞바퀴가 좌회전을 하면
뒷바퀴도 따라 돌아가는
뒷바퀴가 브레이크를 잡으면

앞바퀴도 같이 멈춰 서는
서로 맘 통하는 바퀴처럼
단짝이 되어야 한대

엄마의 귤

식탁 위에 군침이 도는
달콤한 귤이 있어

너 같으면
어떤 것부터 먹을 거니?

나는
이것부터 먹을 거야

엄마가 그랬거든
더 상하기 전에 먹어야 한다고

엄마의 귤은
늘 흠집이 나 있거나
상한 거였어

엄마 눈대중은

엄마 눈동자가
내 방을 맴돕니다
빙빙 돌고 돌다
한곳에 뚝 멈추자

자기 맘에 드는지
동그란 시계도
네모난 액자도
벽에 착착 걸립니다

기다란 줄자 대신
몇 번의 눈짓에
제자리를 찾아주는
엄마 눈대중은

일일이 눈금을 세며
시계와 액자 사이를
자로 재는 것보다
더 잘 어울립니다

가로등

우리 집 앞
좁다란 골목길 가로등은
안됐지만 외다리다

오도 가도 못 하는 외다리라
친구도 못 만나고
시원한 하드도 못 먹고…….

골목에 혼자 서서
열 받을 거다
울화통 터질 거다

참다 참다못해 밤마다
그 머리통 식히려고
불빛을 마구 뿜어대는 거다

가로등은 양다리가 아니기에
깜깜한 밤길을
대낮같이 환히 밝혀주는 거다

아래위로
서로 만나자

우리 식구
한 사람 늘어나
네 명이 됐습니다

같이 놀아줄
내 동생
드디어 생겼습니다

달걀 한 판

달걀 한 판은
한 달이다

달력처럼 요일에 맞춰
나란히 나란히
네 줄지어 앉은
달걀

하루에
한 알씩 까먹으면
꼬박, 30일 걸리겠다

눈사람

저쪽에서
아빠가 굴린
눈덩이

이쪽에서
내가 굴린
눈덩이

동그란
동그란
두 눈덩이

아빠 눈덩이는
내 것보다 크니까
아래쪽에

내 눈덩이는
아빠 것보다 작으니까
위쪽에

이렇게

도토리 엄마

도토리 보는 데서
"도토리 키 재기"라는 말
섣불리 하지 마

상수리나무 떡갈나무 졸참나무
돌참나무 갈참나무 물참나무
너도밤나무 가시나무 졸가시나무
복가시나무 털가시나무
구실잣밤나무 신갈나무

아, 글쎄
이 많은 나무가
도토리 엄마래

뿔났다 하면
한꺼번에
우르르 몰려온대

한 가정 꾸미기

시계 안에는
초침
분침
시침
이 세 침이
똑딱똑딱 산다

집 안에는
딸
엄마
아빠
이 세 사람이
재잘재잘 산다

시계도
집도
한군데 셋이 모이자
똑딱똑딱
재잘재잘
한 가정이 된다

발톱

발톱을 깎기로 마음먹고는
어제 또, 까먹었다

오늘 아침 머리 숙여
양말을 신다가 알았다

계속해서 이러다가는 발톱
언제 깎으려나 모르겠다

손톱

손톱
또깍 또깍
깎다 보면

언젠가
엄마가 하신 말씀
톡톡 튄다

“손톱처럼
돈도 이렇게 생기면
얼마나 좋을까?”

손톱
또깍 또깍
깎다 보면

엄마가 쓴 시
손톱이
톡톡 읽어준다

해설

"고 조그만 불빛/저 멀리 보내려고"

꽃처럼 달리는 내면의 아이와 나누는 고백의 언어

김 륭 시인

먼저 대여섯 살쯤의 코흘리개로 돌아가 그의 「첫눈」부터 읽자. 아니, 두 손으로 받자. "하늘/뱃속에서 나온 갓난아기 같아"라고 썼으니까. 그렇다면, 읽는 것보다 맞는 게 어때? 그래, 맞다. 그의 첫눈은 그냥 온몸으로 맞는 게 좋겠다는 생각이 든다.

아마
작년에도
그랬지 싶어

하늘
뱃속에서 나온 갓난아기 같아
품에 안듯,
두 손에 받았어

내년에도
또,

할아버지는 일개미였대

우리 아빠가 그러는데
할아버지는 개미였대
수백 미터 어두운 땅속을
더듬더듬 기어 들어가

낮인지 밤인지 모른 채
시커먼 연탄 덩어리 캤대
일을 마치고 나오시면
개미처럼 온몸이 까맸대

우리 아빠가 그러는데
개미는 할아버지였대
탄광 막장 같은 제집을
뒤뚱뒤뚱 드나들며

자신보다 덩치가 더 큰
먹잇감을 물어 날랐대
땅속으로 들어가는 개미
할아버지인 줄 알았대

그럴지 몰라

—「첫눈」 전문

동심으로 근원의 세계에 도달하고자 하는 어른작가의 따스한 꿈이 만들어낸 첫눈이다. 동심으로 세계를 바라보고 세계에 말을 거는 자의 시선과 목소리는 이처럼 맑고 투명하다. 그러니까 '영원히 가치 있고 아름다운'이라는 수식어를 붙일 수 있는 아이들의 세계에서 꿈이 중요한 것은 생산적인 꿈을 꾸기 때문이 아니다. 차라리 그 꿈을 꾸는 과정에서 발생하는 가능성에 밑줄을 긋는 게 맞다. 그가 어른작가로서 아이들을 위한 사랑을 확보해가는 방식이다. 그가 가진 꿈은 꿈꿀 수 없는 것을 꾸는 꿈(환각)이 아니라 꿈 자체가 가진 서정성이다. 그는 어릴 때 잃어버린 꿈과 사랑을 다시 글로 씀으로써 그 꿈과 사랑을 환원하고, 완성하고 싶을지도 모른다. "환한 대낮에는/풀숲 속에 숨는" 「개똥벌레」처럼…….

환한 대낮에는
풀숲 속에 숨는다

캄캄한 밤에는

손뼉

두 손이 마주쳐야
소리가 나는 손뼉은
친구를 부르는 말이더군

날 듯 말 듯 하다가
이름이 생각나지 않아
손뼉을 짝짝짝 쳤더니

내 말을 알아들었는지
그 애가 뒤돌아보자마자
나를 향해 달려오더군

불을 켜고 나온다

꺼질 듯 말 듯
깜빡 깜빡거리는

고 조그만 불빛
저 멀리 보내려고

—「개똥벌레」 전문

한 권의 동시집이 두 손으로 받는 첫눈처럼 따스하고 희다. "첫눈" 하고 가만히 하늘을 바라보는 독자가 있다면 백지의 한 페이지가 되어 세상의 모든 사랑을 담아내고 싶은 마음을 옮겨놓을지도 모른다. 그의 말처럼 "아마/작년에도/그랬지 싶어"(「첫눈」) 하고 두 손을 모으고 지나온 날들을 고백할 수도 있을 것이다. 우리 모두가 품고 싶은 '사랑'과 우리 모두가 꾸고 싶은 '꿈'을 개똥벌레처럼 "고 조그만 불빛/저 멀리 보내려고"(「개똥벌레」) 말이다. 정말 그럴지도 모른다. 그러니까 그가 가진 '고백의 언어'는 어떤 교훈이나 계몽의 언어가 아니다. 아이들과 서로 소통

우리 가족의

건강과 행복을 비는

엄마탑이라고

생각 생각했어요

할 수 있는 최초이자 최후의 언어이자 진심 어린 몸짓이다. 그는 이를 알고 있는 어른작가이다. 그런 까닭일 것이다. 그는 절대 아이들 위에서 군림하려고 들지 않는다. 그의 문장은 망설이지 않는다. 우울하지 않고, 무겁거나 엄숙하지도 않다. 그는 단지 자신의 내면을 아이들의 눈높이에서 두 손으로 「첫눈」을 받는 마음으로 그려내고 싶어 한다. 작품들 속 화자인 '나'를 먼저 고백한 다음 천연덕스러운 아이들의 세계를 거울처럼 얻으려고 한다. 아이들을 향해 머리보다 가슴을 먼저 내밀 때 가능한 일이다. 이 같은 그의 세계관은 '책을 여는 글'을 통해서도 드러난다.

"1×1"을 지식의 눈으로 보면 정답은 하나뿐이지요. 하지만 지혜의 마음으로 보면 정답은 수천수만 가지예요. 땅일 수도 있고, 바다일 수도 있고, 사랑일 수도 있고, 미움일 수도 있고요. 지혜의 마음속에서 샘처럼 솟아나는 맑은 언어는 모두 답일 거예요. 아무리 지식이 뛰어나다 하더라도 세상을 슬기롭게 살아가기에는 결코 지혜를 앞설 수 없지요. 지식은 모르는 것도 아는 척하며 남들을 업신여기는 편이지만, 지혜는 아는 것도 모르는 척하며 남들을 존중하는 편이지요. (중략) 지혜는 손으로 만지면 말랑말랑한 찰흙 반죽 같다는 느낌이 들어요. 그러기에 지혜는 어떤 글귀에다 갖다 붙여도 잘 어울리지요. 지혜로운 지식, 지혜로운 돈, 지혜로운 꿈, 지혜로운 기도, 지혜로운 가난, 지혜로운 책……. 이 시집을 열 번이고 백 번이고 반복해서 읽다 보면 지혜로운 행복의 문을 서로서로 열어주는, 지혜로운 사람이 될 거예요.('책을 여는 글' 중에서)

엄마탑

경주 불국사에는
다보탑
석가탑이 있고요

우리 집 찬장에는
밥그릇탑
국그릇탑이 있지요

엄마를 거든다고
설거지하다가
비로소 알았어요

밥그릇은
밥그릇끼리
국그릇은
국그릇끼리

차곡차곡 포개자
사람들이 기도드리는
탑처럼 보였어요

"지혜는 사색만도 아니고 행동만도 아니며, 행동하는 사색이라는 것이 나의 결론"(존 던)이라는 말처럼 그는 58편의 작품 속 화자들을 통해 자신의 내면을 거울처럼 보여주면서 고백할 수 있는 힘을 얻는다. 어른작가로서 아이들을 응원하는 최선의 방법인 셈인데 그것은 권위적인 세계를 추종하거나 고집하는 어른을 떠나면서 시작된다. 아이들로 하여금 어른의 세계로 편입하라고 은연중 강요하는 작가야말로 케케묵은 자기연민에 허우적거리는 어리석은 존재란 것을 그는 알고 있는 것이다. 이번 시집에 수록된 몇몇 작품들에서 아이들의 정제되지 않은 목소리란 느낌을 받는 것도 이런 그의 세계관 때문일 것이다. 그는 자기 마음대로 놀면서 하루하루를 즐기고 싶은 아이들의 욕망을 억압하지 않는다. 아이들은 자신이 가진 언어만으로도 어른들의 권위는 물론 상상력을 능가한다. 이른바 동심을 "달리고 달릴 뿐"인 꽃처럼 키워낼 때 얻을 수 있는 하나의 마법이다. 그는 아이들과 소통하며 마냥 놀려고 한다. 따라서 그의 작품에 등장하는 아이들은 그 어떤 상황에서도 심각하지 않고 설령 심각한 상황일지라도 천연덕스럽게 웃는 것을 좋아한다. 총 4부로 나누어진 이 동시집의 1부 소제목처럼 그는 아이들과 함께 달리고 달릴 뿐이다.

꼬르륵 배꼽시계

점심 먹으라고
꼬르륵꼬르륵…….
알람이 울립니다

“어디를 가더라도
무엇을 하더라도
끼니는 거르지 말아라”

이 말 잊을까 봐
엄마가 배 한가운데
걸어놓은 배꼽시계

다른 시간은 몰라도
삼시 세끼 밥때는
꼬르륵 알려줍니다

그러므로 한 편 한 편 그의 작품이 담고 있는 메시지는 모진 겨울을 견디고 봄으로 오는 꽃으로 형상화되며, 그 "꽃들은 달리고 달릴 뿐"이다. 따라서 그의 서사는 사실적이고 희망적인 고백으로 그려지며 반추된다.

참나리 꽃잎에
콕콕콕 찍혀 있는
까만 꽃무늬

벌 나비에게
밤새워 가며 쓴
점자 편지래

꽃에 앉은 호랑나비야!
꿀은 그만 먹고
그 사연도 읽어보렴

나도 좀 들어보자

—「참나리」 전문

프라이팬에 뜬 보름달

기름을 두른 프라이팬에
달걀 톡, 깨 놓을 때는
손힘 조절을 잘해야 해요
부화를 꿈꾸는 달걀이

집을 훤히 밝혀주기 전에
물러터질 수도 있거든요
노오랗고 동그란 노른자
프라이팬에 뜬 보름달이죠

저는 달이 보고 싶으면
밤하늘 같은 프라이팬을
가스레인지 위에 올려놓고
달걀 프라이를 하지요

꽃은 핀다. 봄에도 피고 여름과 가을, 하물며 겨울에도 피는 꽃이 있다. 이때 꽃은 미술관에 걸린 그림처럼 보인다. 계절이 지극히 당연하게 보여주는 시각적 이미지로 실현된다. 이를테면 꽃은 특정 시공간이 꺼내놓는 객체인 셈. 그런데 '핀다'는 자리에 '달린다'는 동사가 놓이면 사정이 달라진다. 봄, 여름, 가을, 겨울로 구획된 계절은 2차원적인 공간의 개념으로 전락하며 꽃은 그 공간은 물론 시간까지 장악, 역동적인 힘을 갖게 된다. 땅에 '발목이 붙잡힌' 꽃이 달린다는 역설이 자연스러운 것은 '시의 힘'이다. '달린다'의 동사 속에는 단순히 시각적인 이미지뿐만 아니라 청각적인 이미지도 내재되었다는 느낌을 받는 것도 이 때문. 즉, 시 속에 놓인 꽃이란 주체가 달리는 이미지가 시인 내면의 청각적인 이미지까지 견인, 정서적 울림을 준다는 얘기다. 이때 꽃은 시의 화자이자 내레이터로서, '나'가 들여놓은 주체로서 시공간(계절)을 지배한다. 그의 시가 발화되는 지점이다. 이처럼 그에게 시는 작고 연약한 것들에게 쥐여주는 꿈과 사랑이다. 이번 첫 동시집에서 그가 보여주는 세계가 천연덕스러우면서도 미학적인 까닭이다. "꽃에 앉은 호랑나비야!/꿀은 그만 먹고/그 사연도 읽어보렴//나도 좀 들어보자" 「참나리」처럼 소박하

제2부

어디를 가더라도 무엇을 하더라도

차례

지만 무엇보다 그의 따스한 경험과 기억들은 "나도 좀 들어보자"는 청유형 문장과 함께 꽃처럼 피어나 달린다. 세상이 제아무리 빠르게 변해도 여전히 변치 않는 것들, 사랑하는 마음들이 빚어내는 말과 눈빛들, 그리고 진심 어린 위로와 믿음의 뿌리까지 흔들며 생동감을 불러일으키는 것이다. 그렇다. 아이들은 자라고 달린다. 이 문장을 보다 구체적으로 이렇게 쓸 수도 있다. 아이들의 말은 자라고 아이들보다 빠르게 달린다. 꽃처럼……. 아이들의 키가 자라고 몸무게가 늘듯 말 또한 자라 나름대로 수식의 날개를 달고 의미를 확장해 간다. 이를 '김진우 식'으로 은유하면 "꽃들은 달리고 달린다"로 치환, 제각기 몸에 맞는 빛깔을 담고 향기를 품은 이야기가 된다. 이때 이야기는 어떤 의미, 소통에 기여하기보다 대개 꿈과 현실을 넘나드는 놀이에 가깝다. 아이들의 천연덕스러운 얼굴에는 세상의 모든 서사가 상형문자처럼 들어 있다는 느낌을 받는 것도 그런 까닭이다. 그는 이 상형문자를 꽃으로 치환해놓고 '달린다'는 동사를 부여하기 때문이다.

시멘트 바닥 갈라진 틈바구니에
어느 날 질경이가 자리를 잡더니

할배꽃

할미꽃은 있는데
눈 씻고 찾아보아도
할배꽃은 어디에도 없다
하느님이 꽃을 만들다가
아차! 까먹으셨나 보다

하느님 우리 하느님
내 말 듣고 계시지요
할미꽃이랑 천생연분처럼
잘 어울리는 반듯한
할배꽃도 만들어주세요

얼마 전 하늘나라 가신
우리 할머니 할아버지
할미꽃 할배꽃으로 만나
두 분이 서로 마주 앉아
도란도란 꽃 피우게요

– 냉이야

너도 이리와 봐

– 민들레야

너도 이리와 봐

– 씀바귀야

너도 이리와 봐

친구들 일일이 불러 모아

길모퉁이에 풀꽃 밭을 가꿔줬습니다

—「틈바구니가 고마운지」 전문

"시멘트 바닥 갈라진 틈바구니에"서도 살아나는 꽃이 있듯이 연약하고 어리다는 것을 통해 살아나는 말(言)이 있다. 그러고 보면 진정으로 말을 잘 하는 쪽 혹은 말할 힘을 가진 쪽은 어른이 아니라 아이일지 모른다. 「틈바구니가 고마운지」란 작품을 통해 확인할 수 있듯 우리가 흔히 말하

엄마가 기다리는 꽃

아침에는
뿔뿔이 흩어지며
졌다가

저녁에는
현관에
하나 둘 셋…….

다 모여들며
색색
피어나는

운동화!

는 동심은 이처럼 한없이 여리고 어린 '말의 힘'으로 지금 여기 우리를 살아 움직이게 한다. "– 냉이야/너도 이리와 봐//– 민들레야/너도 이리와 봐//– 씀바귀야/너도 이리와 봐"라고. 더불어 우리가 모르는 그 무엇인가를 사랑하게 하고 우리가 꿈꾸는 그 무엇인가를 만들어내는 건 아닐까?

네발자전거를 타다가
두발자전거로 달리고 싶어
페달을 힘껏 구를 때마다

넘어지고 넘어지는 나에게
엄마 아빠가 말씀하시기를
자전거랑 친구가 되어야 한대

앞바퀴가 좌회전을 하면
뒷바퀴도 따라 돌아가는
뒷바퀴가 브레이크를 잡으면

앞바퀴도 같이 멈춰 서는

팬지꽃

팬지꽃 꽃말이
너, 뭔 줄 알고 있니?

“나를 생각해주세요”래

어, 그 말 참말이니
그럼 마침 잘됐다

걸핏하면
이래라저래라 못살게 구는
우리 아빠한테

이 노란 팬지꽃 한 다발
꼭, 선물해야겠다

서로 맘 통하는 바퀴처럼
단짝이 되어야 한대

—「두발자전거 타기」 전문

봉선화
해바라기
코스모스

이 꽃들은
땅속에서 나올 때

떡잎은 두 장이래
더는 필요 없대

너, 나 단둘이서
마음 짝짝 맞춰

이 동네

더는 피지 못하는
봉숭아가 되고 말았지

꽃이 피는 7월이면
한창 피다가 못다 핀
그날, 네 모습이
내 눈길 머무는 곳마다
자꾸자꾸 아른거리지

저 동네
꽃 피운대

—「떡잎은 두 장이래」 전문

"꽃들은 달리고 달린다"는 그의 문장에 왜? 하고 물음표를 내려놓으면 놀자, 놀자, 놀자는 청유형의 문장이 만들어진다. 자전거는 "서로 맘 통하는 바퀴처럼/단짝이 되어" 놀고, 봉선화와 해바라기, 코스모스가 "땅속에서 나올 때" 떡잎 두 장을 들고 나와 "너, 나 단둘이서/마음 짝짝 맞춰" 놀면서 "이 동네/저 동네/꽃 피"우는 것이다. 이처럼 그의 시에서 시간을 초월하는 힘을 느낄 수 있는 것도 '달린다'는 동사 때문. 그가 보여주는 대부분의 작품들은 내면의 아이로부터 출발해 구체적인 현실에 도착해서 다른 아이들을 불러내는 리듬으로 이뤄진다.

다 잊었나 했는데
골목길을 걷다가
너랑 마주치기라도 하면
그날이 문득 생각난다

설레는 마음으로
너한테 다가갔더니

공부시간에 장난치다가
벌서던 나처럼
고개를 숙이고 있었지

분홍빛 여린 꽃잎은
거뭇거뭇 멍이 들었고
싱싱하던 푸른 이파리는
시들어가고 있었지

내가 어떻게 해야
본래대로 할 수 있을까
축 처진 꽃대를 두 손으로
일으켜 세워 보았지만
이내 맥없이 쓰러졌지

뿌리 부분에 가만가만
비료를 뿌려줘야 하는데
괜한 욕심을 부리며

독약 같은 비료를
온몸에 퍼부은 바람에

시골 할아버지 댁에
방학이라 놀러 갔다가
네가 돌담 아래
소복이 피고 있기에

철부지 어린 마음은
더 높이 더 크게
자라기를 바랐나 봐

할아버지가 잠깐
집을 비운 사이
네 머리부터 발끝까지
비료를 퍼부었지

다음 날 이른 아침
부푼 마음으로
설레는 마음으로
너한테 다가갔더니

공부시간에 장난치다가

못다 핀 봉숭아

다 잊었나 했는데
골목길을 걷다가
너랑 마주치기라도 하면
그날이 문득 생각난다

시골 할아버지 댁에
방학이라 놀러 갔다가
네가 돌담 아래
소복이 피고 있기에

철부지 어린 마음은
더 높이 더 크게
자라기를 바랐나 봐

할아버지가 잠깐
집을 비운 사이
네 머리부터 발끝까지
비료를 퍼부었지

다음 날 이른 아침
부푼 마음으로

벌서던 나처럼
고개를 숙이고 있었지

분홍빛 여린 꽃잎은
거뭇거뭇 멍이 들었고
싱싱하던 푸른 이파리는
시들어가고 있었지

내가 어떻게 해야
본래대로 할 수 있을까
축 처진 꽃대를 두 손으로
일으켜 세워 보았지만
이내 맥없이 쓰러졌지

뿌리 부분에 가만가만
비료를 뿌려줘야 하는데
괜한 욕심을 부리며

독약 같은 비료를
온몸에 퍼부은 바람에

조화도 꽃이니까

화분에 물을 줬어
한 번 주고
열 번 주고
물을 주다 보니
다른 꽃들은 꽃 피는데
저 꽃만은
꿀 먹은 벙어리였어

알고 보니
진짜 같은 조화였어
감쪽같이 속았다 싶어
두 눈을 탓하자
마음마저 언짢았어
그래도
물은 그대로 주기로 했어

조화도 꽃이니까

더는 피지 못하는
봉숭아가 되고 말았지

꽃이 피는 7월이면
한창 피다가 못다 핀
그날, 네 모습이
내 눈길 머무는 곳마다
자꾸자꾸 아른거리지

—「못다 핀 봉숭아」 전문

팬지꽃 꽃말이
너, 뭔 줄 알고 있니?

"나를 생각해주세요"래

어, 그 말 참말이니
그럼 마침 잘됐다

틈바구니가 고마운지

시멘트 바닥 갈라진 틈바구니에
어느 날 질경이가 자리를 잡더니

– 냉이야
너도 이리와 봐

– 민들레야
너도 이리와 봐

– 씀바귀야
너도 이리와 봐

친구들 일일이 불러 모아
길모퉁이에 풀꽃 밭을 가꿔줬습니다

걸핏하면
이래라저래라 못살게 구는
우리 아빠한테

이 노란 팬지꽃 한 다발
꼭, 선물해야겠다

—「팬지꽃」 전문

위 작품을 읽으며 과거는 시간이 아니라 공간이라고 쓴다. 보다 시적으로, 무엇보다 과거는 보물창고다. 우리가 온전히 가질 수 있는 것은 과거뿐이고, 과거라는 보물창고는 우리가 자유로이 사용할 수 있는 것이다. 우리가 흔히 말하는 동심이란 게 그런 것 아닐까. 「못다 핀 봉숭아」와 「팬지꽃」을 통해 알 수 있듯 그가 가진 시의 특징 중 하나는 여림과 섬세함이다. "다 잊었나 했는데" 어른이 되어도 생각나는 봉숭아의 서사가 그렇고, "걸핏하면/이래라저래라 못살게 구는 우리 아빠한테", "노란 팬지꽃 한 다발/꼭, 선물해야겠다"는 시인의 과거를 불러온 팬

떡잎은 두 장이래

봉선화
해바라기
코스모스

이 꽃들은
땅속에서 나올 때

떡잎은 두 장이래
더는 필요 없대

너, 나 단둘이서
마음 짝짝 맞춰

이 동네
저 동네
꽃 피운대

지꽃 속 아이가 그렇다. "꽃이 피는 7월이면/한창 피다가 못다 핀/그날, 네 모습이/내 눈길 머무는 곳마다/자꾸자꾸 아른거리지" 이처럼 대부분의 그의 시편들은 작고 초라한 대상들을 소재로 하고 있고, 그것을 눈여겨보는 시인의 감성은 수수하고 아이처럼 여려 인간적인 이해와 공감을 불러일으킨다.

꽃을 중심으로 한 그의 서정성은 가족 간의 애틋한 사랑 속으로 들어갔을 때 더욱 구체성을 확보하며 깊어진다. 현실에 대한 관심 또한 놓치지 않고 사랑의 표지들로 형상화해 낸다. 그가 이번 동시집을 통해 보여주는 사랑은 어리지만 세계를 향해 끊임없이 달려야 하는 아이들을 중심으로 한 가족을 위해 존재한다. 꽃이든 동물이든 그 어떤 사물의 형상으로 오든 그를 흔들어 깨우고 말을 걸어오는 세계는 내면의 아이 입을 통해 형상화되며 애틋한 사랑과 꿈으로 과거는 물론 미래까지 휘감아 돈다. 그러니까 어린 시절은 기억하는 것이 아니라 발견하는 것이다. 그리고 무엇보다 중요한 것은 우리가 말하는 어린 시절은 과거가 아니라 미래에 있는지도 모른다는 것이다.

꽃들의 이어달리기

출발부터 도착까지
줄지어 선 꽃들은
달리고 달릴 뿐이다

차례를 기다리는
다음 주자에게
바통을 넘겨주듯이,

이 꽃들 지자
연이어 저 꽃들 피는
꽃들의 이어달리기

그러니까, 꽃들은
계절 내내 달리면서
피고 지고 핀다

아침에는

뿔뿔이 흩어지며

졌다가

저녁에는

현관에

하나 둘 셋…….

다 모여들며

색색

피어나는

운동화!

—「엄마가 기다리는 꽃」 전문

할머니는 쌀 씻은 물을

양동이에 따로 받아놨다가

"배고프지 어여 먹어라"

화분에 한 대접씩 퍼줍니다

민들레 별명

저 노오란 민들레한테
별명을 지어준다면

흥부와 놀부 중에서
놀부가 잘 어울릴 거야

너도나도 싫다며 꺼리는
보도블록 좁은 틈새에

비집고 들어앉은 모습
욕심쟁이 놀부 같거든

맛난 거 먹고 싶은 마음
말로는 얘기 못 할지라도
꽃이나 사람이나 매한가지라
맹물보다 더 좋아한다며

할머니의 애틋한 보살핌에
고마운 마음 보여주는 걸까?
침침한 베란다 구석구석
꽃봉오리 팡팡, 터트립니다

그냥 버리기에는 아깝다며
젖빛이 도는 뽀얀 쌀뜨물을
때맞추어 퍼주시는 할머니
꽃 엄마일지도 모릅니다

—「할머니와 쌀뜨물」 전문

그의 시는 가족에 얽힌 현실을 이야기할 때도 허황되거나 오만하지 않고 독자들이 충분히 공감하고 공유할 수 있는

비맞이꽃

꽃 이름이
새로 생겨났다

달밤에 피는
달맞이꽃,

비를 맞으며
꽃을 피우기에

비맞이꽃으로
바꿔줬다

현실적인 메시지로 사랑을 깨워 일으킨다. "할머니는 쌀 씻은 물을/양동이에 따로 받아놨다가/"배고프지 어여 먹어라"/화분에 한 대접씩 퍼"주고, "침침한 베란다 구석구석/꽃봉오리 팡팡, 터트"리는 화분의 꽃들과 "아침에는/뿔뿔이 흩어지며/졌다가//저녁에는/현관에/하나 둘 셋…….//다 모여들며/색색/피어나는"//운동화!"가 「엄마가 기다리는 꽃」이라는 시인의 주장은 작가로서 시적 방언을 고집하기보다 따스한 애정이 묻어나는 가족 서사를 꿈꾸는 시인의 의지에서 발화된 서사다. 어른시로 말하자면 주체와 세계가 조화를 이루는 그 무엇보다 따뜻하고 '행복한 서정시'가 아닌가. 그렇다. 그가 '무작정'(?)—필자는 2016년 제13회 부천 신인문학상 동시 부문에 심사를 맡은 적은 있지만 그와 일면식도 없기 때문—첫 동시집 해설을 부탁해왔을 때 거절을 못한 것은 그의 이 같은 따뜻하고 행복한 서정성에 덧붙여 그의 진정성을 담보할 수 있었기 때문이다. 그는 해설을 부탁하며 보낸 메일에 이렇게 썼다.

"저는 강원도 평창이 고향이고요. 아버지는 식구들 먹여 살리려고 태백 탄광에서 광부로 일하셨어요. 캄캄한 땅속에서 연탄을 캐셨던 아버지의 얼굴을 떠올리며 막장에서 곡괭이질 하듯이 한 자 한 자 시를 썼습니다. 저는 부천 덕산고등학교에서 아이들의 고장 난 책걸상을 뚝딱뚝딱 고쳐주는 주무관으로 근무하고 있습니다."

참나리

참나리 꽃잎에
콕콕콕 찍혀 있는
까만 꽃무늬

벌 나비에게
밤새워 가며 쓴
점자 편지래

꽃에 앉은 호랑나비야!
꿀은 그만 먹고
그 사연도 읽어보렴

나도 좀 들어보자

캄캄한 땅속에서 연탄을 캐셨던 아버지 이야기를 시적 장식 없이 그대로 담아낸 「할아버지는 일개미였대」는 우리가 잃어가거나 잊어가는 것에 대한 아름다운 애도이자 '희망 있음'에 대한 기록. 이 하나의 서사만으로도 충분하지 않은가. 그래서 감히 이렇게 쓴다. 소셜 미디어와 게임에 더 많은 시간을 보내는 아이들이 맑은 눈과 따스한 가슴으로 성장하기를 바라는 사람이라면, 이 한 권의 동시집은 바로 당신과 당신이 사랑하는 모든 아이들을 위한 것이다. 그리고 질문 하나. 동심은 어른으로서 우리가 가진 몸과 마음을 얼마나 뜨겁게 달아오르게 할 수 있을까? 동시란 문학 장르가 가진 힘은 뜬금없는 이 질문 하나로도 충분하지 않겠는가. 그의 작품으로 확인할 수 있듯 아이들을 진심 어린 사랑으로 끌어안는 동시의 품은 무한적으로 깊어지고 넓어질 수 있기 때문이다.

우리 아빠가 그러는데
할아버지는 개미였대
수백 미터 어두운 땅속을
더듬더듬 기어 들어가

꽃과 나비는

꽃과 나비는
서로 극이 다른
자석인가 봐

꽃에 다가가자
착, 달라붙는
나비를 보니

극이 같으면 서로
끌리지 않는다는데
꽃아 나비야

너희 둘 중에
누가 플러스니
누가 마이너스니

낮인지 밤인지 모른 채
시커먼 연탄 덩어리 캤대
일을 마치고 나오시면
개미처럼 온몸이 까맸대

우리 아빠가 그러는데
개미는 할아버지였대
탄광 막장 같은 제집을
뒤뚱뒤뚱 드나들며

자신보다 덩치가 더 큰
먹잇감을 물어 날랐대
땅속으로 들어가는 개미
할아버지인 줄 알았대

—「할아버지는 일개미였대」 전문

할미꽃은 있는데
눈 씻고 찾아보아도

봄봄봄

여기도 꽃
저기도 꽃

꽃꽃꽃…….

꽃 따라다니는 모시나비야!
이 봄을 어쩌면 좋니
아무래도,

너나 나나
똥줄 타게 생겼다

할배꽃은 어디에도 없다
하느님이 꽃을 만들다가
아차! 까먹으셨나 보다

하느님 우리 하느님
내 말 듣고 계시지요
할미꽃이랑 천생연분처럼
잘 어울리는 반듯한
할배꽃도 만들어주세요

얼마 전 하늘나라 가신
우리 할머니 할아버지
할미꽃 할배꽃으로 만나
두 분이 서로 마주 앉아
도란도란 꽃 피우게요

—「할배꽃」 전문

어쩌면 동심이란 우리 기억 속에서 사라진 '마법의 힘'을

제1부

꽃들은 달리고 달릴 뿐이다

차례

웃음과 함께 가져오는 것일지도 모른다. 해서, 우리가 가진 모든 삶은 다시 말해져야 하고 기록돼야 한다. 행여 억압받거나 학대받은 어린 시절, 불행을 경험한 그 어떤 아픔마저도……. 나이 혹은 그 무엇과도 상관없이 어린 시절은 항상 우리 안에 살아있다. 우리는, 우리를 스스로 기억해내고 다시 상상했을 때 진심 어린 마음으로 사랑하고 사랑받을 수 있는 존재가 된다. "손톱처럼/돈도 이렇게 생기면/얼마나 좋을까?"(「손톱」) 언젠가 엄마의 말을 "엄마가 쓴 시"로 치환해 "톡톡 읽는" 아이, 그러니까 그의 내면의 아이를 통해 우리는 무슨 생각을 할 수 있으며 무엇을 얻을 수 있을까. 동시에서 '가난'은 이렇게도 아는 척 모르는 척 감동을 준다. 손톱을 깎듯 불러댄 그가 불러낸 내면의 아이를 통해 우리는 알게 된다. 사랑이 사랑을 읽거나 마음이 마음을 말하기 위해 우리는 먼저 고백해야 한다. 이때 아이와 고백은 모든 것이 될 수 있다. 해서, 이즈음 아이들의 현실이 불행하다고 가정하더라도 괜찮다. 아이는 이야기를 통해 항상 행복을 만들 수 있기 때문이다. 이런 사실을 믿는 작가의 서사는 아름다울 수밖에 없다. 그것은 삶에 찌든 모든 우리에게 '아이처럼' 있을 수 있는 시간과 「병아리 대답」 같은 사랑이 주어지기 때문이다.

력'. 이처럼 지식이나 지혜의 차이점을 〈배우거나〉, 〈깨닫고〉로 엇비슷하게 설명하는데요.

사전을 덮고 생각해보면 지식은 딱딱하게 굳어버린 돌덩이 같지만, 지혜는 손으로 만지면 말랑말랑한 찰흙 반죽 같다는 느낌이 들어요.

그러기에 지혜는 어떤 글귀에 갖다 붙여도 잘 어울리지요. 지혜로운 지식, 지혜로운 돈, 지혜로운 꿈, 지혜로운 기도, 지혜로운 가난, 지혜로운 책…….

이 시집을 열 번이고 백 번이고 반복해서 읽다 보면 지혜로운 행복의 문을 서로서로 열어주는, 지혜로운 사람이 될 거예요.

책을 내기까지는 지혜로운 사람들이 글자들을 '톡톡톡톡' 두드려가며 지혜롭게 꾸며주었죠. 특별히 존경하는 김 륭 선생님께서, 못난 시를 달래고 혼내가며 지혜로운 해설을 써주셨어요.

이 은혜들을 지혜로운 마음으로 오래오래 간직할 거예요.

2020년 10월 24일
부천 덕산고등학교 시설관리실에서
김 진 우 드림.

저 병아리 보고
너 어디서 태어났어

뜬금없이 물어보면
골치 아프겠다

계란이라 해야 하나
달걀이라 해야 하나

야, 뭐가 골치 아파
이렇게 대답하면 되지

"나, 엄마한테서 나왔다!"

—「병아리 대답」 전문

우리는 그가 수줍게 내민 한 권의 동시집을 통해 배운다. 우리의 내일은 원하는 대로 오지 않지만 우리가 꾸는 꿈과 사랑은 언제나 곁에 있다는 사실을. 그의 시처럼 따뜻하

책을 여는 글

사람이 이 세상에 태어나 살아가자면 지식과 지혜가 필요하죠.

지식은 무엇일까요? 또 지혜는 무엇일까요?

누군가 물어본다면 이렇게 말해주고 싶어요.

'1×1'을 지식의 눈으로 보면 정답은 하나뿐이지요. 하지만 지혜의 마음으로 보면 정답은 수천수만 가지예요.

땅일 수도 있고, 바다일 수도 있고, 사랑일 수도 있고, 미움일 수도 있고요. 지혜의 마음속에서 샘처럼 솟아나는 맑은 언어는 모두 답일 거예요. 아무리 지식이 뛰어나다 하더라도 세상을 슬기롭게 살아가기에는 결코 지혜를 앞설 수 없지요.

지식은 모르는 것도 아는 척하며 남들을 업신여기는 편이지만, 지혜는 아는 것도 모르는 척하며 남들을 존중하는 편이지요.

그럼 국어사전은 두 단어를 무어라 설명하는지 살펴보기로 하죠. 지식이란 '어떤 현상에 대하여 배우거나 실천을 통하여 알게 된 명확한 인식이나 이해', 지혜란 '사물의 이치를 빨리 깨닫고 사물을 정확하게 처리하는 정신적 능게, 가끔은 슬프지만 그만큼 더 아름답게……. 우리 모두 그의 말을 빌려 이렇게 말할 수 있으니까. "나, 엄마한테서 나왔다!"

프라이팬에 뜬
보름달
김진우 동시집

프라이팬에 뜬 보름달

초판 1쇄 발행 2021년 03월 02일

지은이 김진우
펴낸이 장현수
펴낸곳 메이킹북스
출판등록 제 2019-000010호

디자인 안영인
편집 안영인
교정 김시온
마케팅 오현경

주소 서울특별시 금천구 가산디지털1로 142, 312호
전화 02-2135-5086
팩스 02-2135-5087
이메일 making_books@naver.com
홈페이지 www.makingbooks.co.kr

ISBN 979-11-91472-03-5(03810)
값 14,000원

홈페이지 바로가기

프라이팬에 뜬
보름달